Bibliografische Information der Deutschen Nationalbibliothek:

Die Deutsche Bibliothek verzeichnet diese Publikation in der Deutschen National-
bibliografie; detaillierte bibliografische Daten sind im Internet über http://dnb.d-
nb.de/ abrufbar.

Impressum:

Copyright © 2009 GRIN Verlag, Open Publishing GmbH
Druck und Bindung: Books on Demand GmbH, Norderstedt Germany
ISBN: 9783640599875

Dieses Buch bei GRIN:

http://www.grin.com/de/e-book/149098/android-als-jcp-unabhaengige-laufzeitum-
gebung-fuer-jcp-abhaengige-implementierungen

Jakob Sachse

Android als JCP-unabhängige Laufzeitumgebung für JCP-abhängige Implementierungen

GRIN Verlag

Hochschule für Technik und Wirtschaft
Angewandte Informatik (Master)
Sommersemester 2009

Android als JCP unabhängige Laufzeitumgebung für JCP abhängige Implementierungen

Jakob Sachse

1. Oktober 2009

Inhaltsverzeichnis

1 Abstract

Das Internet und dessen Anwendungen werden zunehmend im mobilen Umfeld eingesetzt. Diese Entwicklung wird durch neue mobile Plattformen und immer leistungsfähigere Endgeräte verstärkt. Mit *Android* hat Google im November 2007 ein eigenes Betriebssystem für mobile Endgeräte auf den Markt gebracht. Android wird unter der Apache Lizenz 2 in großen Teilen quelloffen entwickelt. Das Betriebssystem besteht aus mehreren Schichten, wobei die unterste Schicht ein Linux Kernel ist.

Auf Anwendungsebene setzt Android eine virtuelle Maschine ein. Diese Dalvik genannte virtuelle Maschine wurde entwickelt, um den speziellen Anforderungen mobiler Endgeräte zu entsprechen. Als Sprache zur Applikationsentwicklung wird Java verwendet. Dabei unterstreicht Google jedoch ausdrücklich, dass es sich bei Android und Dalvik nicht um Java-Technologie handelt. Damit fühlt sich Google nicht an den Java Community Prozess gebunden, welcher durch die Erstellung von Java Specification Requests Java spezifiziert. Dies hat zur Folge, dass Implementierungen die auf Basis von Java Technologie entwickelt wurden nicht zwangsläufig auf Android einsetzbar sind.

Diese Arbeit analysiert die Folgen dieser Umstände und beschreibt einen Weg, unter dessen Anwendung eine Portierung von bestehenden Java-Implementierungen durchgeführt werden kann. Dazu wird ein iterativer Prozess beschrieben, unter dessen Anwendung alle unbefriedigten Abhängigkeiten einer Bibliothek gefunden werden können. Auf die Möglichkeiten zur nachträglichen Befriedigung dieser Abhängigkeiten wird ebenso eingegangen. Die Anwendbarkeit des dargestellten Schemas wird anhand einer größeren Java-Bibliothek beschrieben. [Sac09]

2 Einführung

Google hat im November 2007 die Gründung der Open Handset Alliance bekannt gegeben. Diese Gruppe aus über 30 Technologie Unternehmen ist beteiligt an der Entwicklung eines Betriebssystems für mobile Endgeräte. Android lautet der Name dieses Betriebssystems, das seit dem 22. Oktober 2008 unter der Apache-Lizenz 2 Open Source ist. Die Bestandteile von Android gehen über das eigentliche Betriebssystem hinaus. Neben diesem beinhaltet Android eine in C/C++ implementierte Middleware, eine virtuelle Maschine (VM) und ein Software Development Kit (SDK) zur Entwicklung von Android Applikationen. Die Implementierung einer eigenen VM ist nicht nur aus technischer Sicht eine wichtige Entscheidung. Google umgeht damit die Lizenzbestimmungen der GPLv2, unter welche SUN sowohl die J2ME-VM als auch die Referenzimplementierung von J2ME gestellt hat. Die Gültigkeit der GPLv2 wird im Falle von J2ME vererbt. Alle auf J2ME basierenden Programme sind somit automatisch den Bedingungen der GPLv2 unterstellt. Der Kern der Lizenz ist die Offenlegung des Quellcodes. Die Befürchtung ist, dass dies viele kommerzielle Software Entwickler abschrecken könnte. Doch durch die Implementierung einer eigenen VM und die Nutzung von Teilen des Apache Harmony Projekts, einer Apache-Implementierung der J2SE-Spezifikation, konnte die Anwendung der GPLv2 umgangen werden [4].

Im Oktober 2008 startete der Verkauf der ersten Mobiltelefone auf Basis von Android. Das Telefon, welches den Namen G1 trägt, wird von HTC hergestellt und von T-Mobile in den USA vertrieben. Die Vermarktung in Deutschland startete im Februar 2009. Trotz einer Verdreifachung der ursprünglich vorgesehenen Stückzahlen haben bereits die Vorbestellungen zu einem Ausverkauf des Geräts geführt.

2.1 Android-Architektur

Android basiert auf dem Linux Kernel 2.6, der eine robuste Hardwareabstraktion bietet. Da sich das Speichermanagement, die Prozesskontrolle und das Treibermodell seit Jahren als stabil erwiesen haben, bietet Linux eine gute Basis für Android. Auf dieser Basis bauen zahlreiche native, und somit in Maschinencode kompilierte, Bibliotheken auf.

Viele zeitkritische Algorithmen sind in diesen Bibliotheken enthalten, da sie in höheren Programmiersprachen, wie dem interpretierten Java, nicht performant genug ausgeführt werden könnten. Die nativen Bibliotheken übernehmen unter Anderem folgende Aufgaben:

- Zeichnen von Fenstern

4

- Rendering von 2D (SGL) und 3D (OpenGL) Grafik

- Webseiten Rendering mittels der Webkit Browser Engine

- decodieren und encodieren von Streaming Formaten

- Datenspeicherung mittels SQLite

Auf gleicher Architekturebene befindet sich die Implementierung einer virtuellen Maschine die den Namen Dalivik trägt. Die Dalvik-VM ist eine für mobile Hardware optimierte virtuelle Maschine. Diese speziell für Android entwickelte VM führt .dex -Dateien aus, die durch einen zusätzlichen Konvertierungsvorgang aus kompilierten Java-Klassen erzeugt werden. Durch die Konvertierung wird der Bytecode den besonderen Anforderungen der Architektur der Dalvik-VM angepasst. Zudem werden sowohl die Speicherbelegung als auch CPU-Nutzung für die schwächere Hardware eines mobilen Endgeräts optimiert. Dieser hohe Optimierungsgrad erlaubt es, jeden Prozess von einer eigenen Instanz der VM ausführen zu lassen.

Alle Anwendungen die auf Android ausgeführt werden sind in Java programmiert. Um eine möglichst breite Funktionalität zu ermöglichen ist in Android eine umfangreiche Kernbibliothek enthalten. Eine große Zahl von Klassen entspringen dem Apache Harmony Projekt, durch welches Kernmodule von J2SE in Android integriert werden konnten. Android enhält jedoch keine komplette Implementierung von J2SE. Viele Pakete der J2SE-Spezifikation sind nicht vorhanden. Dies hat den Grund, dass Android zum Teil Alternativen für diese Packages bereitstellt. Dies gilt beispielsweise für die Java Pakete zur Erzeugung und Darstellung von Benutzeroberflächen. Als Ersatz für java.awt und javax.swing bietet Android eigene Klassen an, deren Implementierungen auf die Besonderheiten mobiler Endgeräte angepasst ist.

Auf der obersten Abstraktionsebene der Android-Architektur verbindet das Android Application Framework die Funktionalitäten aus den nativen Bibliotheken mit den in Java implementierten Bibliotheken und Programmen. Dieses Framework stellt die Umgebung bereit in denen Android-Applikationen ausgeführt werden. Der Activity Manager, als ein wichtiger Teil des Android Application Frameworks, verfolgt den Navigationspfad, den ein Anwender bei der Benutzung von Android aufbaut. Somit ist der Activity Manager jederzeit in der Lage einen *zurück*-Sprung in die letzte Ansicht zu realisieren. Er stellt überdies sicher, dass für jede Applikation genügend Systemressourcen zur Verfügung gestellt werden können. Das Android Application Framework ist direkt mit dem Kontext einer jeden Android-Applikation verknüpft. Dies ermöglicht es Android, Dienste und Datenstrukturen prozessübergreifend zu teilen, anzubieten und anzufordern.

5

2.2 Programmiermodell

Das Android Application Framework verwendet eine Reihe von Klassen und Schnittstellen, die dem Entwickler zur Verfügung gestellt werden. Auf deren Basis können Applikationen entwickelt werden. Durch die Verwendung von Basisklassen besteht, innerhalb einer Applikation, jederzeit die Möglichkeit Dienste des Frameworks zu verwenden. Dadurch, dass der Applikations-Entwickler von den zur Verfügung gestellten Klassen ableitet und wenn nötig bestimmte Teile überschreibt, können Applikationen innerhalb des Android Appliation Frameworks einheitlich verwaltet werden. Für die Entwicklung von Applikationen stellt Android Application Framework folgende Komponenten in Form von Klassen bereit:

- Activities

- Services

- Broadcast Intent Receiver

- Content Provider

Um die Bestandteile einer Applikation dem Application Framework bekannt zu machen, benötigt jede Applikation eine Datei mit dem Namen `AndroidManifest.xml`. In dieser XML-Datei werden außerdem Angaben zu Anforderungen und Fähigkeiten der Applikation deklariert. Events werden innerhalb von Android in Form von `Intents` ausgedrückt. Ein Intent ist eine Klasse, über deren Datenstruktur vermittelt wird, welche abstrakte Aktion mit welchen Daten ausgeführt werden soll. Intents können von Activity- und Broadcast Intent Receiver Klassen behandelt werden. Über `Intent-Filter` wird innerhalb der AndroidManifest.xml angegeben, welche Intents eine Activity oder ein Broadcast Intent Receiver verarbeiten kann.

2.2.1 Activity

Die am häufigsten verwendete Klasse zur Implementierung von Anwendungen ist die Activity-Klasse. Sie ist in der Lage eine Benutzeroberfläche darzustellen und kann Geschäftslogik enthalten. Activities beinhalten die darstellbaren Elemente einer einzelnen Seite der Anwendung. Darstellbare Elemente werden in Android als VIEWS bezeichnet. Dazu zählen eine Vielzahl von Interaktionselementen. Die Bandbreite reicht von sehr einfachen Views, wie Checkboxen, bis hin zu komplexen Elementen, wie WebViews, die komplette Webseiten darstellen können.

2.2.2 Service

Ein Service hat im Gegensatz zu einer Activity keine Benutzeroberfläche. Er implementiert Dienste, die von einer Activity in Anspruch genommen werden können. Dazu stellt das Android Application Framework die Methoden `Context.bindService()` und `Context.startService()` bereit. Die Methoden unterscheiden sich dadurch, dass beim Aufruf von `bindService()` eine durch einen IBinder definierte Schnittstelle die Kommunikation mit dem Service ermöglicht, während `startService()` den Service ohne Referenz startet. Ein Service kann zudem so konfiguriert werden, dass dieser in einem eigenen Prozess ausgeführt wird.

2.2.3 Broadcast Intent Receiver

Ein Broadcast Intent Receiver ist für die Reaktion auf externe Events, wie beispielsweise das Eintreffen einer SMS, geeignet. Er besitzt wie ein Service keine eigene Benutzeroberfläche, kann den Benutzer aber über den sogenannten `Notification Manager` benachrichtigen.

2.2.4 Content Provider

Content Provider bieten die Möglichkeit Daten zwischen verschiedenen Applikationen zu teilen. Da Programme in Android keinen gemeinsam addressierbaren Speicher Bereich besitzen, ist dieser Mechanismus die einzige Möglichkeit Daten zwischen Programmen auszutauschen.

2.2.5 Ressourcen

Ressourcen werden in Android über eine automatisch generierte Java Klasse verfügbar gemacht. Diese Klasse heißt `R.java`. Sie enthält ein Mapping, welches vom Android Application Framework verwendet wird um auf die Ressourcen zuzugreifen. Dem Entwickler eröffnet sich damit die Möglichkeit, jederzeit unter Verwendung der statischen Felder der R-Klasse, die vorhanden Ressourcen zu referenzieren.

3 Problemanalyse

Die Architektur, des mobilen Betriebssystems Android, basiert auf mehreren Schichten. Die systemnahen Schichten führen Maschinencode aus. Die oberen Schichten, auf denen Anwendungen für Android ausgeführt werden, werden von einer virtuellen Maschine bedient. Die folgende Untersuchung geht auf diese oberen Schichten ein und bezeichnet sie als Laufzeitumgebung. Ebenfalls ist eine genaue Betrachtung der virtuellen Maschine notwendig, da diese keine klassische Java-VM ist und dadurch besondere Anforderungen besitzt.

Da Android als Zielplattform von Implementierungen auf J2SE Basis dienen soll, wird im folgenden Abschnitt herausgearbeitet, welche Bedingungen Anwendungen erfüllen müssen, um auf Android lauffähig zu sein. Dies ist notwendig, da Android grundsätzliche Unterschiede zur Java-Technologie aufweist.

3.1 JCP unabhängige Laufzeitumgebung

Zur Entwicklung von Anwendungen für Android, stellt die Laufzeitumgebung eine Anzahl von Kernbibliotheken zur Verfügung. Diese Kernbibliotheken basieren zwar auf Java, werden von Google-Verantwortlichen jedoch ausdrücklich nicht als Java-Technologie bezeichnet [Ngu08]. Dies führt dazu, dass die Spezifikation der Laufzeitumgebung nicht dem Java Community Process (JCP) unterliegt.

Der Java Community Process beschreibt ein Verfahren, unter dessen Anwendung die Weiterentwicklung von Java stattfindet. Dabei werden Java Specification Requests (JSRs) verwendet, um Erweiterungen und Änderungen der Java-Spezifikation zu definieren. Die Dokumentation von Android beruht sich jedoch nicht auf Java Specification Requests. Somit gibt es, anders als bei JavaME, keine auf JSRs basierende Dokumentation des Funktionsumfangs der Android-Bibliotheken.

Des Weiteren verfügt Android nicht über sämtliche Pakete einer Java Standard Edition. Da alle klassischen Java-Bibliotheken unter der Annahme dokumentiert sind, dass mindestens eine Java Standard Edition zur Laufzeit vorhanden ist, sind die Abhängigkeiten zu Java-Kernbibliotheken undokumentiert. Die Konsequenz dessen ist, dass sämtliche Abhängigkeiten auch bezüglich ihrer internen Abhängigkeiten zu Java-Kernbibliotheken geprüft werden müssen.

Die im Android-SDK verfügbaren Pakete sind eine Zusammenstellung verschiedener quelloffener Java-Projekte. Eine Besonderheit von Android ist der Einsatz von Apache Harmony. Harmony ist ein Projekt, der Apache Software Foundation, welches eine Open-Source-Implementierung der Java-Kernbibliotheken entwickelt. Alle Unterpakete von `java` und `javax` , die im Android Software Development Kit verfügbar sind, entspringen diesem Projekt. Harmony ist im Gegensatz zur SUN-Implementierung unter der Apache Lizenz 2 lizensiert. Diese Lizenz ermöglicht es Google, Android komplett unter die Apache Lizenz 2 zu stellen, ohne gewisse Kernbibliotheken außen vor lassen zu müssen. Da Apache Harmony, im Vergleich mit Java, ein recht junges Projekt ist, muss damit gerechnet werden, dass die Implementierung der Kernbibliotheken sich in einigen Fällen unterschiedlich, in Bezug auf die SUN-Implementierung, verhält. Die Ausführung ein und desselben Algorithmus könnte somit, unter Einsatz einer Java-VM und der SUN-Kernbibliotheken, zu anderen Ergebnissen führen, als die Ausführung unter Android mittels der Harmony-Kernbibliotheken.

3.2 Dalvik-VM

Die Dalvik-VM ist eine virtuelle Maschine. Sie wird in Android verwendet um Programme auf Anwendungsebene auszuführen. Die virtuelle Maschine unterscheidet sich in einigen Punkten von einer Java-VM. Der zentrale Unterschied zwischen den beiden virtuellen Maschinen ist deren Architektur. Während die Java-VM stapelbasiert arbeitet, ist die Dalvik-VM eine Registermaschine. Die Folge dieses Unterschieds ist, dass der Bytecode der prozessiert wird unterschiedlich ist. Die Dalvik-VM verwendet einen speziellen Bytecode der zuvor aus Java-Bytecode transformiert werden muss. Diese Transformierung erfolgt während des Build-Prozesses. Android-Applikationen werden somit zwar in Java entwickelt und zu Java-Bytecode kompiliert, dieser Bytecode wird jedoch erneut transformiert. Der tranformierte Bytecode wird in einer Datei mit der Endung *.dex* gespeichert. Erst dann ist die Anwendung bereit für die Ausfürung in der Dalvik-VM.

Die Bibliotheken einer Anwendung müssen vom Build-Prozess ebenfalls in Dalvik-Bytecode transformiert werden. Dieser Build-Prozess birgt einen entscheidenden Nachteil, der die Entwicklung von Applikationen erschweren kann. Es ist möglich *.class*-Dateien in *.dex*-Dateien zu überführen, deren Abhängigkeiten nicht erfüllt sind. Eine Warnung oder ein Abbruch der Transformation erfolgt nicht, da die Erfüllung transitiver Abhängigkeiten, beim Einsatz von Bibliotheken, nicht geprüft wird. Zu besseren Illustration ist in Abbildung 1 ein Vergleich zwischen JavaSE und Android dargestellt. Während beim Einsatz einer JavaSE alle Abhängigkeiten einer Bibliothek erfüllt sind, kann es beim Einsatz unter Android dazu kommen, dass gewisse Kernbibliotheken nicht vorhanden sind. In der Abbildung 1 ist dies das Paket `javax.swing`. Die Nichterfüllung dieser Abhängigkeiten führt zwangsläufig zu Laufzeitfehlern und dadurch zu Programmabstürzen. Anders als in einer Java-VM werden Anwendungen unter Android in separaten Instanzen der Dalvik-VM gestartet. Somit können Anwendungen auf Android in separaten Prozessen ausgeführt werden. Dies bietet den Vorteil, dass eine fehlerhafte Applikation immer nur sich selbst zum Absturz bringen kann.

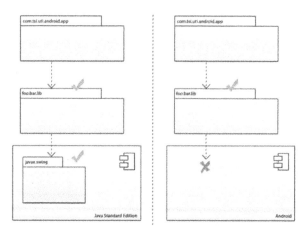

Abbildung 1: Laufzeitfehler durch fehlende Kernbibliotheken

4 Einsatz JCP anhängiger Bibliotheken

Um eine Anwendungsentwicklung unter Verwendung von JavaSE-Bibliotheken durchführen zu können ist es notwendig, eine Analyse der Bibliotheks-Quellendateien durchzuführen. Zunächst müssen jedoch die Voraussetzungen geschaffen werden, um diese Bibliotheken auf Android deployen und debuggen zu können. Die Voraussetzungen dafür ist die Durchführung des build-Prozesses. Daraufhin ist, für die spätere Portierung, die Ausgabe von Debug-Nachrichten zu ermöglichen.

Der zweite Schritt ist die Durchführung der Portierung selbst. Auf deren Basis wird exemplarisch dargestellt, wie Code-Änderungen zur schrittweisen Einsetzbarkeit der Bibliotheken führen. Die Analyse der Abhängigkeiten zeigt, dass im Android-SDK Java-Kernbibliotheken fehlen, die von der bestehenden Implementierung benötigt werden. Das Ziel ist es darzustellen, eine Java-Bibliothek mit all ihren Abhängigkeiten in eine Android kompatible Form gebracht werden kann. Damit wird die Grundlage geschaffen, um Android-Applikationen zu implementieren welche diese Bibliothek verwenden.

4.1 Voraussetzungen

Das Hinzufügen von Java-Kernbibliotheken zu einer Android-Applikation wird standardmäßig nicht erlaubt. Zwar funktioniert das Hinzufügen der Bibliotheken in das Android-Projekt, doch während der Erstellung des Projekts bricht der Transformationsprozess, der Java-Bytecode in DEX-Bytecode umwandelt, ab. Es wird folgende Fehlermeldung ausgegeben:

> Attempt to include a core VM class in something other than a core library. It is likely that you have attempted to include the core library from a desktop virtual machine into an application, which will most assuredly not work. If you really intend to build a core library – which is only appropriate as part of creating a full virtual machine binary, as opposed to compiling an application – then use the '-core-library' option to suppress this error message. If you go ahead and use '-core-library' but are in fact building an application, then please be aware that your build will still fail at some point; you will simply be denied the pleasure of reading this helpful error message.

Trotz des Hinweises, Kernbibliotheken seien als Teil von Applikationsentwicklungen nicht einsetzbar, wird auf den Parameter –*core-library* verwiesen. Jedoch gibt es beim Erstellen des Projekts, unter Einsatz der Android Development Tools (ADT) für Eclipse, keine Möglichkeit diesen Parameter zu setzen. Daher greift diese Arbeit auf ANT zurück.

ANT ist ein Werkzeug zum automatisierten Erstellen von Applikationen aus Quellcode. Das Android-SDK bietet unter anderem ein Werkzeug an, mit dessen Hilfe ein leeres Android-Projekt erstellt werden kann. Dies ist für Entwickler gedacht, die ohne Eclipse arbeiten. Dieses Werkzeug erzeugt neben der kompletten Projektstruktur auch ein ANT-Skript. In diesem ANT-Skript lässt sich der Parameter –*core-library* übergeben (siehe Listing 1).

```
1  <target name="dex" depends="compile">
2    <echo>Converting compiled files and external libraries into ${outdir}/${
       dex-file}...</echo>
3    <apply executable="${dx}" failonerror="true" parallel="true">
4      <arg value="--dex" />
5      <arg value="--core-library" />
6      <arg value="--output=${intermediate-dex-ospath}" />
7      <arg path="${outdir-classes-ospath}" />
8      <fileset dir="${external-libs}" includes="*.jar" />
9    </apply>
10 </target>
```

Listing 1: Um –core-library erweiteres ANT-Target

Das so veränderte ANT-Skript kann daraufhin innerhalb von Eclipse verwendet werden, um das Projekt zu erstellen. Ein Abbruch des Transformationsprozesses findet auf diese Weise nicht mehr statt.

Mit Einführung der Version 1.5 des Android-SDK hat sich der build-Prozess stark verändert. Zwar besteht weiterhin die Möglichkeit der Verwendung von ANT zur Projekterstellung, jedoch können keine Parameter im ANT-Skript übergeben werden. Dies führt dazu, dass die Möglichkeit entfällt den Parameter –core-library zu übergeben. Damit schlägt die Projekterstellung zwangsläfig fehl. Aus diesem Grund muss auf einen Hack zurückgegriffen werden.

Da auch die Quellen zur Transformation des Bytecodes offen sind, besteht die Möglichkeit die Quellen für eigene Zwecke zu manipulieren. Entsprechend kann der Aufruf, welcher durch den Parameter –core-library unterdrückt wird, fest codiert übersprungen werden. Dazu ist, wie in Zeile 3 des Linstings 2 dargestellt, die Methode `processClass()` der Klasse `com.android.dx.command.dexer.Main` zu manipulieren.

In Zeile 3 des Listing 2 ist zu erkennen, dass der Methode-Aufruf von `checkClassName()` auskommentiert wurde. Diese Methode überprüft anhand des Klassen-Namens ob es sich um Java-Kernklassen handelt.

```
 1  private static boolean processClass(String name, byte[] bytes) {
 2          if (! args.coreLibrary) {
 3  //              checkClassName(name);
 4          }
 5
 6          try {
 7              ClassDefItem clazz =
 8                  CfTranslator.translate(name, bytes, args.cfOptions);
 9              outputDex.add(clazz);
10              return true;
11          } catch (ParseException ex) {
12              DxConsole.err.println("\ntrouble processing:");
13              if (args.debug) {
14                  ex.printStackTrace(DxConsole.err);
15              } else {
16                  ex.printContext(DxConsole.err);
17              }
18          }
19
20          warnings++;
21          return false;
22      }
```

Listing 2: Manipulierte processClass Methode

4.1.1 Logging

Das Logging von Android-Applikationen ist im Android-SDK unter Verwendung der
Klasse `android.util.Log` möglich. Die Debug-Ausgaben werden bei der Benutzung dieser Klasse von Android mittels des Dalvik Debug Monitor Services (DDMS)
an den Eclipse Remote Debugger gesendet. Dort werden die Ausgaben in einer speziellen Ansicht der Android Development Tools ausgegeben.

Im klassischen Java-Umfeld haben sich allerdings bereits andere Logging-Bibliothen
durchgesetzt. Dies führt dazu, dass Log-Ausgaben bei der Verwendung dieser Bibliotheken nicht in der Entwicklungsumgebung angezeigt werden. Die Apache-Bibliothek
Commons-logging [2] bietet allerdings eine Logging-Schnittstelle an. Diese kann implementiert werden, um Log-Ausgaben beliebig zu verarbeiten.

Diese Situation ist ein klassischer Anwendungsfall für das Adapter-Pattern [EF04,
S.237]. Es kann eine Adapter-Klasse definiert werden, welche die Aufrufe an der
Commons-Logging-Schnittstelle zur Android-Log-Klasse weiterleitet. Ein Auszug
aus dieser Adapter-Klasse ist im Listing 3 dargestellt.

13

```
 1 public class AndroidLogAdapter implements org.apache.commons.logging.Log {

 2

 3 public Class clazz = null;

 4

 5 public AndroidLogAdapter(Class clazz) {
 6   super();
 7   this.clazz = clazz;
 8 }

 9

10 public void debug(Object arg0) {
11   android.util.Log.d(clazz.getSimpleName(),arg0.toString());
12 }

13

14 public void debug(Object arg0, Throwable arg1) {
15   android.util.Log.d(clazz.getSimpleName(),arg1.toString());
16 }

17

18 ...
```

Listing 3: Die AndroidLogAdapter-Klasse

Das Listing 3 soll zeigen, wie Aufrufe an der Adapter-Klasse intern wiederum die Log-Klasse des Android Application Frameworks rufen. Da die Methoden der Android-Log-Klasse jeweils einen Klassennamen und eine Debug-Nachricht als Parameter benötigen, wird im Konstruktor der Adapter-Klasse einmalig die Instanz der Klasse, welche die Adapter-Klasse verwendet, übergeben. Dadurch kann beim Log-Aufruf der Name der Klasse, welche die Debug-Ausgabe erzeugt, angezeigt werden.

4.2 Portierung

Zur Einsetzbarmachung von JCP anhängigen Java-Bibliotheken müssen alle nicht erfüllten Abhängigkeiten der Bibliotheken identifiziert werden. Tools wie *JDepend* [1] können zwar automatisiert Beziehungsbäume, unerfüllte Abhängigkeiten werden durch dieses Werkzeug nicht hervorgehoben. Es ist festzustellen, das Android die erste nicht von SUN spezifizierte Java-Plattform ist [4]. Im Umkehrschluss bedeutet dies, dass alle Laufzeitumgebungen vor Android den SUN-Spezifikationen gefolgt sind. Dies macht es unwahrscheinlich, dass es Tools gibt, die Abhängigkeiten zu Java-Kernbibliotheken systematisch untersuchen können, da auf bisherigen Java-Plattformen davon ausgegangen werden kann, dass alle Klassen der Java-Spezifikation vorhanden sind. Der Mangel an Werkzeugen, welche die Analyse automatisiert durchführen könnten, führt zu der Notwendigkeit der Definition einer Vorgehensweise zur manuellen Abhängigkeitsanalyse. Dazu ist wie folgt vorzugehen: Im ersten Schritt ist ein neues Android-Projekt zu erstellen. Ein Android-Projekt beinhaltet die Android-API und somit alle Klassen des Android-SDKs. Durch das Hinzufügen des Quellcodes, der jeweils zu untersuchenden Bibliothek, ist der Compiler in der Lage fehlende Referenzen festzustellen. Moderne Entwicklungsumgebungen wie Eclipse bieten diese Funktion schon zur Entwicklungszeit an. Da Bibliotheken in vielen Fällen Abhängigkeiten zu weiteren Bibliotheken besitzen, müssen diese transitiven Abhängigkeiten ebenfalls als Quellcode vorliegen und eingebunden werden. Dieser Vorgang ist iterativ durchzuführen, bis keine neuen Abhängigkeiten gefunden werden bzw. bestehende Probleme durch Änderungen am Quelltext gelöst werden können.

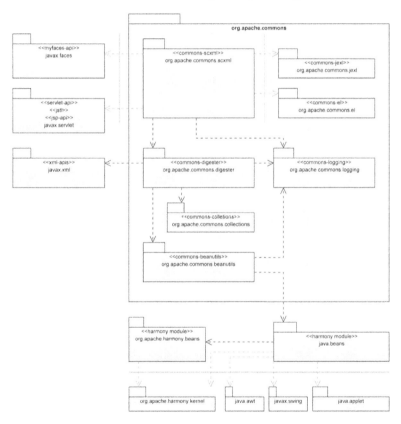

Abbildung 2: Abhängigkiten der commons-scxml-Bbibliothek

15

Die Abbildung 2 zeigt exemplarisch die Abhängigkeiten von der Bibliothek `org-.apache.commons.scxml` ausgehen. Es ist festzustellen, dass diese über die Bibliotheken `org.apache.commons.digester` und `org.apache.commons.beanutils` eine Abhängigkeit zur Java-Kernbibliothek `java.beans` besitzt. Android besitzt dieses Kernpaket jedoch nicht. Darum muss es auf der Plattform hinzugefügt werden. Das entsprechende Harmony Modul kann für diesen Zweck benutzt werden. Die Anpassungen gehen jedoch noch weiter, da das Paket wiederum Abhängigkeiten zu weiteren, nicht auf Android vorhandenen, Paketen aufbaut. Diese müssen durch Quellcode Manipulation entfernt werden. Dabei ist darauf zu achten, dass die Manipulationen keine Auswirkungen auf eingehende Bibliotheks-Aufrufe hat.

Die Abhängigkeiten zu den in Abbildung 2 hervorgehobenen Paketen können auf diese Weise entfernt werden. Dies ist notwendig da eine Portierung dieser Pakete zu aufwendig, wenn nicht gar unmöglich ist. Unmöglich wird eine Portierung wenn auf Android eine Klasse oder ein Interface mit gleichem Namen aber unterschiedlicher Implementierung bereits vorhanden ist. Als Beispiel kann das Paket `org.w3c.dom` genannt werden, welches auf Android der DOM Level 2 Spezifikation folgt, in der JavaSE jedoch die DOM Level 3 API abbildet.

Referenzen

[EF04]   ELISABETH FREEMAN, ERIC FREEMAN ET AL.: *Head First Design Patterns*. O'Reilly, 2004. ISBN: 9780596007126. 1.1.1

[Ngu08]   NGUYEN, VINCENT: *Jason Chen answers questions about Android*. Interview Script, 2008. 3.1

[Sac09]   SACHSE, JAKOB: *Untersuchung, Konzeption und Entwicklung einer Komponente zur Integration von Android in ein multimodales Framework*. Diploma thesis, HTW-Berlin, 2009. 1

Internetadressen

1. JDEPEND. *Clarkware.*
   http://clarkware.com/software/JDepend.html

2. COMMONS LOGGING OVERVIEW. *Apache Software Foundation.*
   http://commons.apache.org/logging/

3. DALVIK VM INTERNALS. *Google I/O Session Videos and Slides.*
   http://sites.google.com/site/io/dalvik-vm-internals

4. DALVIK: HOW GOOGLE ROUTED AROUND SUN'S IP-BASED LICENSING RESTRICTIONS ON JAVA ME . *Stefano's Linotype.*
   http://www.betaversion.org/ stefano/linotype/news/110/

5. MOBILE WEB INITIATIVE - THE WEB ON THE MOVE. *W3C.*
   http://www.w3.org/Mobile/

6. DEVELOPMENT TOOLS - ANDROID. *Google Inc.*
   http://developer.android.com/guide/developing/eclipse-adt.html

7. APACHE HARMONY - OPEN SOURCE JAVA PLATFORM. *Apache Software Foundation.*
   http://harmony.apache.org/